FACULTÉ DE DROIT DE PARIS.

THÈSE

POUR LA LICENCE,

Qui sera soutenue le samedi 23 août 1823, à deux heures,

Par EUGÈNE-FRANÇOIS CAUCHY, né à Paris (Seine.)

PRÉSIDENT M. DU CAURROY,

SUFFRAGANS;
{ MM. MORAND,
DURANTON,
DEMIAU,
DUFRAYER, Suppléant.
} PROFESSEURS.

PARIS,

DE L'IMPRIMERIE DE RIGNOUX,

RUE DES FRANCS-BOURGEOIS SAINT-MICHEL, N° 8.

M D CCC XXIII.

A MON PÈRE ET A MA MÈRE.

JUS ROMANUM.

DE NEGOTIIS GESTIS.

ff. LIB. III, TIT. V.

Quid sibi velit ista *negotiorum gestorum* appellatio, qua titulus noster inscriptus est, primo statim intuitu animadvertere in promptu non est : quid enim? dicet aliquis : nonne omnes quælibet actiones ex negotio gesto oriuntur, an casu aliquo proditum est quemquam ob alia quam quæ gessit, posse conveniri? Et verum est generale hoc nomen quodam modo videri, et cuilibet actioni congruum, nisi dicas aliud esse negotium contrahere, aliud gerere (quamvis, lato sensu, qui contrahit certe aliquid negotii gerat), ita, quasdam actiones proprie ex contractibus emergere, quia statim ut contractum est, oritur actio, etiamsi nondum quidquam gestum sit, quia voluntatis est contractum inire, sed necessitatis est adimplere; quasdam vero ex gestu tantum substantiam capere, quæ, nullo præcedente contractu, ob id tantum quod gestum est dari consuêrunt, nec aliam causam, aliud, in quo radicentur, fundamentum habent quam ipsum illius qui gessit factum : quodquidem de facto licito hic intelligi necesse est, ut illas omittamus actiones quæ ex delictis nascuntur; quarum sane diversa ratio est : quis enim eum qui deliquit negotii gestorem appellet? Hæ igitur quæ ex alieno negotio gesto oriuntur obligationes, quia contractibus sunt affines, et tamen diversam sortitæ sunt nascendi conditionem, quasi ex contractibus oriri di-

15   I

cuntur, ut similitudinem et differentiam uno verbo notemus. Has inter actiones, pleræque proprium quoddam et peculiare nomen habent, quod ipsarum vim et originem indicet, ut *tutelæ*, *communi dividundo*, *condictio indebiti*, una vero, de qua hic agendum est, *negotiorum gestorum* appellationem sola sibi proprie vindicat, quæ, cæteris cessantibus, ei accommodatur, *qui alicujus puberis citra mandatum negotia gessit, vel impuberis citra tutelam :* nec enim promiscue, ubi quis sine contractu aliena gesserit negotia, statim *negotiorum gestorum* actionem dandam esse dicemus, (quemadmodum non omnis omni ex contractu actio nascitur, sed singulæ certos fines ac circumscriptos habent, quos ultra evagari nequeunt, ne omni confusione judicia misceantur,) sed ita demum hanc actionem dabimus, si neque alia sit ad rem gestam pertinens, qua gestor impensas recuperare possit, et rationes reddere cogatur, et aliqua legitima causa subsit ob quam actio competere possit : et, ut facilius singularum actionum inter se discrimina deprehendamus, haud absurdum abs re videtur quarumdam actionum exempla hic afferre, quæ huic nostræ actioni germanæ et propinquæ sunt, ut ipsius naturam ex cæterarum collatione clarius perspiciamus. Si quis ex pluribus sociis commune negotium gessisse proponatur, videndum an id, quod ille communiter gessit, pro parte ipsius tantum expediri non potuerit : ita enim *communi dividundo*, vel *pro socio* judicio locus est, si socius rem communem ideo gessit, quod non posset rem suam agere, quin et sociorum rem ageret : si vero, quum posset pro sua tantum parte negotium expedire, etiam quod ad sociorum partes adtinebat, nulla necessitate coactus, adtrectavit, tunc ei comparata est actio *negotiorum gestorum*, cessante videlicet omni alia actione. Idem distinguendum est in herede qui coheredum negotia gessit, ut illi tantum *familiæ erciscundæ* judicio subveniatur, si negotii gesti individua fuerit causa, quum aliter nonnisi *negotiorum gestorum* agere possit. Sed hæc de actionum diffe-

rentia attigisse satis est, nunc quæ sit actionis negotiorum gestorum origo, quæ natura, quis effectus, ut in re obscura et du-
bia, potius tentare quam explanare conabimur.

Jure civili ex prudentûm auctoritate et majorum more prodita
hæc actio videtur, ad exemplum actionis mandati, suadente scilicet utilitate, quæ plurimûm apud prudentes valebat : nec obstat
quod prætor se eam daturûm edicto pollicetur, quia non suas tan-
tûm sed et civiles omnes prætor dat et edicto se daturum pro-
mitit.

Cum ultro citroque competat actio negotiorum gestorum, ei
scilicet et in eum qui aliena gessit negotia, non utrinque tamen
directa est, ut in quibusdam contractibus accidit, exempli gratiâ,
in emptione venditione, locatione conductione, ex quibus statim
mutua nascitur obligatio; sed hinc directa competit actio, illinc
contraria : directa datur domino negotiorum adversus gestorem,
cujus ea est conditio ut statim ex ipso gestu obligetur; contraria
vero, quæ nonnisi ex accidenti et postfacto causam capit, gestori,
ad repetendas, si quas fecit, impensas, ex opposito accommodatur.
Utraque actio in personam non in rem intenditur : non enim di-
rectâ actione rem quasi suam vendicat dominus, sed asserit de
negotiis gestis rationes sibi præstari oportere, et rursus gestor impendia tantum sibi refundi debere intendit. Hic obiter notandum
est *contrariam* actionem aliquando etiam ultro dari porro, videlicet si dominus directa non agat, quia non exercendi locus, sed
nascendi ordo huic actioni nomen fecit. Utraque etiam negotiorum
gestorum actio bonæ fidei esse intelligitur, in qua scilicet judex
formula non includitur, et usuras addicere et compensationis ra-
tionem habere etiam citra clausulæ verba ex officio suo permitti-
tur. Et sane hanc differentiam quam inter directam et contrariam
actionem notavimus, statim animadverteris, sed rursus quid di-
scriminis intersit inter actionem negotiorum gestorum sive directam sive utilem quum *directo* datur, et eamdem actionem quum

utilitatis causa tantum accommodatur, arduum est dignoscere : non solum ut deprehendas in quibus casibus directa, in quibus vero utilis tantum actio competat, sed etiam ut quæras quid sibi velit ista distinctio, quantum ad ordinem judiciorum et agendi formam pertinet. Perlectis quidem hujusce tituli legibus, tria hæc mihi requiri videntur ut directam negotiorum gestorum actionem intendere possim, scilicet ut aliquis volens et nulla necessitate coactus ad res meas gerendas citra mandatum accesserit, ut animus gestoris fuerit meum gerere negotium, et ut re quoque ipsa meum negotium gesserit. Quod si unum ex his desideretur, utili forsitan actioni ob æquitatem aliquis locus esse poterit, directa vero, meo judicio, nunquam dabitur. Exempli gratia, si quis negotia mea administraverit non sponte sua, sed vel ex necessitate officii quod invitus suscepit, ut curator adolescenti aut furioso datus, vel quasi ex necessitate servili quum se quis servum meum esse falso existimaret qui re ipsâ liber esset ; directa quidem cessat negotiorum gestorum actio, sed utilis utrique accommodabitur : quod autem de curatore diximus aliquam distinctionem recipit : nam, manente quidem administratione, de unoquoque negotio, statim ut pupillo salva res esse desinit, speciali negotiorum gestorum judicio cum eo agi potest. (L. 16, § 1, Cod. de tul. et rat.; l. 3, § 2, h. t.) De universa vero administratione, nonnisi finita cura, generalem in eum actionem instituere licet, negotiorum gestorum (L. 2 et 12, Cod. de adm. tut.), vel etiam ut post magnam controversiam aliquando demum obtinuisse videtur ex leg. 3, C. arbitr. tut., tutelæ vel protutelæ actionem , quam dari posse negabat Ulpianus. (L. 1, § 7, de eo qui pro tut.) Rursus si volens res meas gesseris, sed non mei contemplatione, animadvertendum est an saltem tibi aliquem obligandi animum habueris, licet erraveris in persona ejus quem dominum esse negotii existimabas : illo enim casu, error tuus impedimento non erit quominus convenire possis utili actione illum cujus reipsa negotium gessisti, quia et revera ipsius erat negotium et animum habuisti illum qui ejus negotii dominus esset tibi obligandi. (L. 5, § 1, h. t.) Utrum vero utili actioni locus esse possit quum negotium meum quasi tuum gesseris, sive meum esse scieus, sive tuum esse existimans, difficilis et prærupta quæstio est. Et puto nullo omnino casu tibi in me competere posse contrariam negotiorum gestorum actionem, ob id quod tuo nomine, tua contemplatione gesseris, quia, ut asserit præstantissimus juris auctor Cujacius, negotiorum gestio magis animi est quam facti, nec agentium actus operantur ultra eorum intentionem (L. 9. de reb. cred.); et certe nulla tibi fuit talis cogitatio ut alium quemquam tibi obligare velles, quum te tuamque dumtaxat utilitatem spectares : habes quidem, si possides, eo nomine retentionem vel deductionem impensarum (secundum aliquam tamen distinctinem, nam si bona fide possides utiles impensas omnimodo reputare potes, etiamsi res non exstet, si autem mala fide, ita demum reputare potes si duret utilitas); sed si possessionem amiseris, nulla tibi prodita est actio qua me possis ultro convenire : nam facilius in jure nostro alicui opposita exceptione succurritur, quam actio instituitur quæ nonnisi ex certis principiis juris nascitur. Quid enim? Si malæ fidei possessor es, poteris ne quasi de negotio meo gesto in me agere, quum longe a re mea animus tuus abhorruerit, et tuum potius quam meum negotium gesseris? Amicis et voluntariis procuratoribus prodita est actio, nec prædo aliquam in ea partem habere potest. Sin vero bona fide possidebas, etsi non donandi animo impensas in rem meam fecisse intelligaris, et aliqua hic subsit obligatio naturalis quam inducit æquitas, ne scilicet cum damno tuo locupletior fiam, tamen sola naturalis obligatio actionem non producit, nisi jure civili aut prætorio adjuvetur. Huic nostræ opinioni obstare videtur quod dicitur in l. 5, h. t., eum qui sua contemplatione negotia mea gessit *in id quo ego locupletior factus sum habere contra me actionem* : sed hæc ipsa verba *in id quo ego locupletior factus sum* satis indicant hic si de aliqua ac-

tione agatur, certe non de negotiorum gestorum actione quæ in solidum semper datur, et hoc loco pro verbo *actionem*, *exceptionem*,
legendum esse putat Noôdt, merito quidem, ut opinor, nulla enim
ex his actionibus quæ jure civili proditæ sunt, huic accommodari
posse videtur. Ex lege etiam ultima h. t. in specie secunda tentare
posset aliquando contrariam negotiorum gestorum actionem ei
tribui qui rem meam quasi suam gessit; sed, ut facile res expediri
possit, dicendum est cum Cujacio, illum qui cum se heredem falso
putaret, res suas legatas solvit, eas hereditario nomine solvisse,
non suo (quod fieri potest ex l. 21, § 1, h. t.) nam si suo nomine
solvisset verum heredem non liberasset et esset condictio indebiti.(L. 44, l. 19, § 1 de cond. ind.) Ex eo autem quod diximus contrariam negotiorum gestorum actionem gestori non competere
qui sua contemplatione aliquid negotii gessit, non sequitur directam utilem domino negotiorum denegari adversus illum qui revera ipsius gessit negotium, licet quasi suum gesserit : et si quidem malæ fidei sit ille qui gessit, ejus improbitas non quo minus,
sed quo magis teneatur efficere debet. Si vero bonæ fidei sit,
etiam hoc casu tenetur. (L. 6, § 4, l. 49, h. t.) Nam licet neminem
nobis obligemus nisi volentes, nolentes tamen obligari possumus,
et, ut mihi sit utilis negotiorum gestorum actio, meum negotium
gessisse re ipsa, ipso gestu satis est. Sed nunc videamus an aliqua
etiam utilis actio mihi dari possit adversus eum qui negotium
quod meum non erat mea comtemplatione gessit : nam certe si, neque mea contemplatione gestum negotium, neque re ipsa meum
fuerit, nulla mihi omnino competere potest actio : et quidem, si
fuerit ipsius gestoris negotium quod est mea contemplatione gestum, nulla æque orietur obligatio, quia nec bona fides hoc patitur :
sed, si alterius cujasdum fuerit negotium quod quasi meum gestor
administraverit, et ego postea ratum habuero, ratihabitio meum
efficiet quod initio meum non erat, et pariet mutuam negotiorum
gestorum actionem : ita tamen si gestoris facto alter non sit statim

locupletatus; nullus enim ratihabitioni locus est, ubi nulla res exstat quæ aliquo casu ad eum qui ratum habuit parvenire possit. (L. 6, § 10 et 11, h. t.) Ex iis quæ diximus satis apparet quando utilis vel directa competat negotiorum gestorum actio, sed quantum intersit hac potius agere quam illa, vix aliquid tentare ausim, tanta est harum quæstionum asperitas. Forsitan, quantum ad condemnationem adtinebat, nulla erat inter eas differentia, sed in directis actionibus formulæ intentio certis et solemnibus verbis, in utilibus vero rudius in factum concipiebatur. Illud generaliter notandum est, nullam neque directam neque utilem negotiorum gestorum actionem competere, ubi quis animo donandi vel pietatis causa alterius negotia gesserit : neminem enim sibi vult obligare, qui solo pietatis affectu ducitur. Sed hactenus de origine et natura hujus actionis, nunc aliquid de ipsius effectu attingendum.

Negotiorum gestor, si directa actione conveniatur, omnia quæ ad eum ex hac administratione pervenerunt restituere cogitur, quia abstinentem omni lucro fidem præstare debet. De eo tamen quod indebitum exegit non aliter tenetur quam si dominus ratum habuerit, ut supra notavimus. Si quid in hac administratione negligenter actum vel etiam omissum inveniatur, gestoris excusationes judex de facili non admittet, quia ad exactissimam diligentiam ratio reddenda est : quod quidem forsitan quis primo aspectu mirabitur, cum absentis tantum gratia hæc administratio fuerit suscepta, et aquitas ipsa postulet, ut is, cujus nulla utilitas in negotio gesto versabatur, minus acerbe conveniatur : quod leges etiam sanxerunt in depositario, commodatario, et aliis qui amicis benevolentiam tantum præstaverunt : sed in gestore illud differentiam introducit quod se ultro negotio obtulit et ita de diligentia sua quodammodo pollicitum fuisse videtur : dices absentium interesse ut quis ad relicta negotia accedat, ne bona pereant : sed respondebo illorum etiam interesse ne quis temere se negotiis eorum immisceat et diligentiorem forte antevertat : neque enim semper

negotia aliena urgente necessitate suscipiuntur, quumque id fit, doli
tantum nomine gestorem teneri placet. (L. 3, § 9, h. t.) Sed sæpe
homines impropere se negotiis alienis ingerunt, non affectione
ducti, sed acti aut spe lucri aut præpostera curiositate, qui quidem intelligere debent nihil in eorum administratione omissum
neglectumve impune fore. Igitur, si quid domino negotiorum de-
bebat gestor, id a seipso exigere debuit, si modo dies solvendæ
pecuniæ durante administratione venerit; quod si omiserit domini
rationibus inferre, ex illo die usuras hujus pecuniæ debebit,
etiamsi sine usuris ante debuerit. Item si maritus, divortio facto,
uxoris gesserit negotia, et dotem a se ipso, dum locuples erat, non
exegerit, postea pauper factus etiam negotiorum gestorum actione
de dote in solidum convenietur, quamvis si dotis nomine ageretur
absolvendus esset propter beneficium competentiæ. Et inde quæ-
rebatur an servus, qui in servitute negotia gerere cæperat, et post
manumissionem in eodem actu perseveraverat, non posset de eo
etiam quod in servitute gesserat manumissus conveniri, eo scilicet
colore quasi debuerit id, quod in servitute naturaliter tantum debere cæperat, post manumissionem a se ipso exigere, et solutum
rationibus inferre, propter bonam fidem quæ plurimum in hoc judicio valet : quæ quidem erat Proculianorum sententia, dissen-
tientibus Sabinianis et asserentibus nullam ex antegesto actionem
dandam esse, nisi forte connexa utriusque administrationis ratio
foret, quo tantum casu actus libertatis trahit ad se actum servitu-
tis : et ita demum Proculiani servum, de eo quod in servitute gesserat teneri adseverabant si aliquid habuisset in peculio cujus reten-
tione id servari potuisset : quod quidem nihil ad rem pertinere
Paulus notat. L. 19, h. t. quia, si peculium non habuit, aliunde
parata pecunia post manumissionem solvere potuit, sed verius
est nullo casu eum ex antegesto posse teneri, quia quod in servitute debuit, naturaliter tantum debuit, et naturale debitum neque
ab alio, neque a seipso exigi potest, nec debet.

Ex opposito, contraria actione, negotiorum gestor id quod in rem alienam impendit sibi refundi postulabit, si modo utiliter et bona fide hæc impendia facta sint : in æstimanda autem hac utilitate, si quidem negotium utiliter geri cœperit, eventus non spectatur, ut si domus utiliter fulta sit, et postea casu exusta fuerit, nihilominus danda erit actio; sed si non utiliter cœperit, ex eventu æstimatur omnia : nam fieri potest ut quod initio erat inutile, fiat postea utile. In pupillo sane singulare quid observatur, ut scilicet non aliter conveniri possit quam si litis contestatæ tempore duret utilitas; qua ratione *in id tantum quo locupletior factus est* in eum actio dari dicitur : si tamen gestor necessariam rem emerit, quam pupillus de suo necessario erat empturus, etiamsi res ista ante litem contestatam interierit, impendia repeti possunt, quia hoc ipso quo non est pauperior factus locupletior est : (L. 47, de sol.) sed ubi de necessariis rebus non agitur, non sufficit aliquo tempore locupletiorem factum fuisse pupillum, si modo litis contestatæ tempore ejus negotii commodum perierit. Et hic notandum est, si quis negotia pupilli gerere cœperit, qui inter moras pubes factus fuerit, etiam de eo quod post pubertatem gestum est, in id tantum quo pupillus factus est locupletior, actionem in eum dari; quia Pomponii sententia obtinuit *initium cujusque temporis in negotiis gestis spectari;* ita ut non plures administrationes, sed una tantum administratio intelligi debeat, etiamsi domini negotiorum conditio interim immutata sit, nisi quis ab initio, quasi unum tantum negotium gesturus accesserit, et postea, mutata sententia, alterum aggressus fuerit negotium : sic igitur, in illum qui, pendente administratione, paterfamilias effectus est, erit actio non in solidum, sed in id quod facere possit; nam ex beneficio prætoris, qui exit a potestate patris et novam instituit familiam, non est urgendus in solidum ex contractibus quos habuit quum esset in potestate, quamvis tunc temporis in solidum potuerit conveniri. Ita in servum, qui inter moras administrationis manumissus est, nulla actio competit,

15   2

quia servus ex contractibus civiliter tantum obligatur, qua ex
obligatione nulla est actio.

Negotiorum alienorum gestio, quemadmodum non certis so-
lemnibusque modis, sed solo gestoris facto instituitur, ita nec præ-
finitum quo desinat tempus habet, ut in tutoribus curatoribusque
accidit, qui etiam citra mandatum alienum gerunt negotium ;
quippe, superioribus quidem necessitas muneris administrationis
finem, huic autem propria voluntas facit, ac satis abundeque sufficit, si cui, vel in paucis, amici labore consulatur.

DROIT FRANCAIS.

DE LA COMMUNAUTÉ CONVENTIONNELLE.

Oɴ peut dire en un sens que toute commnnauté entre époux
est conventionnelle, même celle qui s'établit à défaut de contrat
de mariage, puisque, même dans ce cas, la communauté est fon-
dée sur une convention, sinon formelle et expresse, au moins
virtuelle et implicite des parties, qui sont alors censées s'en rapporter aux règles fixées par la loi; mais, dans une acceptıcn
moins générale, on dit que la communauté est *conventionnelle*
lorsque les époux ont apporté par leur contrat de mariage des
modifications plus ou moins importantes au régime que la lɔi
a pris soin de leur tracer elle-même, plutôt comme un type et
un modèle de conventions matrimoniales, que comme un code qui
dût régir tous les mariages. En ce sens, la communauté conventionnelle n'est que *la communauté légale modifiée par les
conventions des parties.* On sent bien qu'il est impossible non-
seulement d'exposer, mais même de prévoir toutes les modifications qu'elles peuvent y apporter : nous dirons seulement quelques mots des principales, en tâchant de réunir celles qui ont
entre elles le plus de connexité.

De la Clause de réalisation et de la Clause d'apport.

Aux termes de l'article 1401, la communauté légale acquiert à
titre universel *tout le mobilier que les époux possédaient au jour*

de la célébration de leur mariage, ensemble tout le mobilier qui leur échoit pendant le mariage à titre de succession ou de donation. Elle n'acquiert point tel ou tel objet mobilier en particulier, elle acquiert en général tous les meubles que possède l'époux : si celui-ci n'en possède aucun, la communauté ne peut rien exiger à la place ; car elle n'a droit qu'au mobilier, et nous supposons que l'époux n'en a point ; mais aussi, si l'époux a des meubles en sa possession, ou s'il lui en échoit quelques-uns, ils sont tous, quelle que soit leur valeur, englobés dans la masse, commune avec laquelle ils s'incorporent à l'instant. Ainsi donc la communauté acquiert tout le mobilier de chaque époux en général ; mais elle n'acquiert aucuns meubles en particulier : ces deux règles peuvent êtres modifiées par deux clauses qui leur sont opposées : *la communauté,* avons-nous dit, *acquiert tout le mobilier en général ;* mais on peut convenir qu'elle n'acquerra aucune portion du mobilier, ou qu'elle n'en acquerra pas une certaine partie que l'on désigne, ou bien qu'elle n'acquerra que le mobilier présent, et non pas le mobilier futur à échoir par succession ou donation. En second lieu, *la communauté n'acquiert aucuns meubles en particulier ;* mais on peut convenir que l'époux apportera en communauté certains meubles que l'on désigne : dès lors le droit de la communauté n'a plus pour objet une universalité, mais bien une chose spéciale et déterminée. La convention d'apport *rend l'époux débiteur envers la communauté,* dit l'art. 1501, parce qu'en effet, sans cette clause, il n'était, à proprement parler, débiteur de rien : il était bien débiteur de son mobilier s'il en avait, mais s'il n'en avait point, on ne pouvait rien exiger de lui ; au lieu qu'en vertu de la clause d'apport, il est tenu d'apporter à la communauté ce qu'il a promis d'y mettre, et, comme débiteur de corps certain, il est garant de l'éviction que la communauté souffre des effets par lui donnés en paiement de la somme promise. (Arg. de l'art. 1845.) La clause d'apport, d'après l'art. 1500, suppose toujours celle de

stipulation de propre pour le cas où le mobilier de l'époux se trouvera excéder la valeur de l'apport promis : si cette présomption
légale n'existait point, on aurait pu prétendre que l'époux qui
promettait d'apporter une certaine quantité de meubles, n'entendait pas par là exclure le surplus de son mobilier, mais seulement
qu'il entendait se rendre débiteur jusqu'à concurrence de la
somme ou valeur stipulée, et que, pour l'excédant, la communauté
n'en profiterait qu'autant qu'il y en aurait. Si la clause d'apport
renferme tacitement celle de stipulation de propre, il ne s'ensuit
point que cette seconde clause ne puisse exister sans la première :
d'abord, si les parties ont exclu de leur communauté tout leur mobilier présent, il est bien évident qu'il n'y a point d'apport; mais
lors même qu'elles n'en ont exclu qu'une partie aliquote, on ne peut
point dire que le reste puisse être considéré comme un apport, si
les époux n'ont point désigné spécialement quels effets ils préten-
daient apporter en communauté : car il n'y a point de clause d'apport sans désignation de corps certains ou de sommes certaines qui
doivent être mises en commun : toutes les fois que la communauté
n'a droit qu'à une universalité, ou à une portion d'une universalité,
comme à un tiers, à une moitié des meubles en général, on reste
dans les principes de la communauté légale, puisque l'époux n'est
forcé d'apporter que le tiers, la moitié *de ce qui se trouvera.* On
pourrait encore convenir que la stipulation de propre ne frappera
que sur certains meubles déterminés, ce qui supposerait que le
surplus tombera dans la communauté, sans qu'il y eût pour cela
clause d'apport, puisque l'époux ne deviendrait toujours débiteur
que d'une universalité.

Les conventions de réalisation étant de droit étroit, ne s'éten-
dent pas d'une chose à une autre : c'est pourquoi si les conjoints,
après avoir apporté chacun une somme à la communauté, ont stipulé que le surplus de leurs biens serait propre, cette clause
ne comprend que le mobilier qu'ils avaient alors, et non celui qui

leur adviendrait pendant le mariage, à moins que ce ne fût en vertu d'une cause ou d'un titre antérieur au mariage. Au surplus, ces conventions, quelques étendus qu'en soient les termes, ne s'appliquent jamais aux fruits des biens propres des conjoints qui se perçoivent ou naissent durant la communauté, et qui y tombent non point comme meubles, mais comme fruits, sans lesquels il n'y aurait quelquefois rien à mettre en commun pour supporter les charges du mariage. Quoique le mobilier réalisé soit dit *exclu de la communauté*, il n'en est pas moins vrai qu'il fait pendant le mariage partie des biens communs, de manière que tel meuble n'appartient point à la femme, et tel autre au mari : seulement, à la dissolution de la communauté, la femme aura le droit de prélever la valeur de tels meubles, et le mari celui de prélever la valeur de tels autres meubles : ils n'auront aucune action en revendication, puisque les meubles réalisés ont cessé d'être leur propriété, mais ils auront une créance de reprise de leur valeur. L'époux qui veut exercer cette créance, doit rapporter un inventaire ou autre titre propre à justifier de la consistance et valeur de son mobilier : cependant si c'est la femme qui prétend qu'il lui est échu des successions ou donations mobiliaires pendant le mariage, la loi, dans ce cas, lui accorde la preuve testimoniale, à défaut d'inventaire, quelle que soit la valeur du mobilier qu'elle réclame ; mais il n'en serait pas de même s'il s'agissait d'un mobilier qu'elle prétendrait avoir apporté en mariage, car il n'a tenu qu'à elle d'en faire constater la valeur avant le mariage. Quant au mari, s'il n'y a point d'inventaire ou de titre équivalent, la loi lui dénie toute action en reprise, de manière qu'il ne pourrait pas même faire usage des preuves ordinairement admises, par exemple, de la preuve testimoniale, jusqu'à concurrence de 150 francs : cependant, cette prohibition étant purement pénale, les créanciers du mari, lorsqu'ils agissent de leur propre chef, et ses héritiers légitimaires, qui sont aussi une espèce de créanciers, devroient être admis, dans ce cas, aux preuves ordinaires.

Si l'époux qui veut reprendre son mobilier en vertu de la stipulation de propre doit prouver qu'il a eu en effet des meubles qui lui sont propres, celui qui a promis en apport à la communauté doit aussi, d'après l'art. 1315, justifier le paiement qui a produit l'extinction de son obligation : une des manières de faire cette justification est par le contrat de mariage lui-même, auquel on joint une déclaration des meubles de chaque époux; cette déclaration doit être quittancée par le mari pour ce qui concerne les meubles de la femme; à l'égard des meubles apportés par le mari, la déclaration seule en fait foi, car il ne peut se donner quittance à lui-même. Si les époux ont fait pendant le mariage, sous signature privée un état du mobilier par eux apporté, aucun n'est recevable à l'attaquer sous prétexte qu'il a diminué la quantité de son mobilier pour avantager son conjoint; mais si l'un des conjoints laisse des héritiers légitimaires, ils pourront attaquer cet acte, non pas comme représentant le défunt, car celui-ci n'était pas recevable à alléguer sa propre fraude, mais en qualité de créanciers, qualité qui leur donne des droits que le défunt n'avait pas. L'apport doit être pris sur les biens que l'époux possédait au jour du mariage : le mobilier qui lui est échu depuis ne peut être imputé sur la somme promise qu'autant qu'il y a une clause expresse pour exclure de la communauté le mobilier futur : sans cette clause, le mobilier futur est dû outre l'apport, et ne peut par conséquent servir à le payer.

De la clause de séparation de dettes.

Si la loi charge la communauté légale des dettes mobilières des conjoints, tant présentes que futures, c'est qu'elle y fait entrer aussi l'universalité de leur mobilier présent et futur : mais lors-

qu'il y a clause d'apport, c'est-à-dire lorsqu'on n'apporte en communauté que des corps certains, on doit, par une raison contraire,
décider que la communauté n'est point tenue des dettes. *Æs alienum universi patrimonii non certarum rerum onus est.* A plus forte
raison, lorsqu'il y a exclusion générale du mobilier présent, doit-il
y avoir réparation des dettes antérieures au mariage, et, lorsqu'il
y a exclusion générale du mobilier présent et à venir, doit-il y
avoir séparation de toutes les dettes présentes et futures : c'est la
réunion de ces deux dernières clauses qui forme ce que l'on appelle *la communauté réduite aux acquets*. Lorsque le mobilier
futur seulement est exclu de la communauté, les dettes futures
dont se trouvent chargées les successions ou donations mobilières
qui échoient à l'un des conjoints sont aussi exclues de plein
droit de la communauté : c'est pourquoi l'article 1504 dit que le
mari ne pourra exercer la reprise du mobilier à lui échu pendant
le mariage, que *déduction faite des dettes*. On peut envisager les
effets de la séparation de dettes, soit à l'égard des époux entre eux,
soit à l'égard des tiers. L'unique effet de cette clause à l'égard des
conjoints, est que, si les dettes exclues de la communauté ont été
acquittées des deniers communs, le conjoint qui en était débiteur,
ou ses héritiers, en doivent récompense à la communauté lors de
sa dissolution : pour que cette récompense ait lieu, il suffit de justifier par les voies ordinaires que les dettes ont été payées des deniers communs : cependant je pense que toutes les dettes du
mari payées par lui pendant le mariage doivent être censées acquittées des deniers communs, s'il ne prouve le contraire, et que
c'est aussi au mari à prouver que les dettes personnelles de la
femme ont été payées des deniers de la communauté. Voyons
maintenant les effets de la séparation de dettes à l'égard des tiers,
et d'abord à l'égard des créanciers de la femme. Lorsque cette
clause n'existe point, le mari, en joignant et confondant ses biens
meubles avec ceux de la femme, est présumé consentir que ses

biens deviennent le gage propre des créanciers de la femme, et
s'engage, en sa qualité de *chef de la communauté*, à prendre ces
dettes pour les siennes propres, et à les acquitter, soit en entier,
si on en réclame le paiement pendant qu'il est encore revêtu de
cette qualité, soit pour la moitié, qu'il prendra dans les biens
communs, si les créanciers se présentent après la dissolution de
la communauté : par l'effet de cette convention tacite, les créanciers de la femme deviennent réellement créanciers de la communauté, comme si la dette avait été contractée pour le compte de
la communauté : aussi le mari ne pourrait-il se dispenser de les
payer intégralement pendant le mariage, en leur représentant
l'inventaire du mobilier de la femme, et en leur rendant compte
de ce qu'il contient, parce qu'ils intentent leur action, non point
comme créanciers de la femme, mais comme créanciers de la
communauté. Au contraire, lorsque la séparation de dettes intervient, cette clause a pour effet d'empêcher que les créanciers de
chacun des époux deviennent créanciers de la communauté ; ceux
de la femme sont donc forcés de se contenter du mobilier qu'elle
possédait lors du mariage, et lorsqu'on leur représente ce mobilier, ils n'ont rien à demander de plus : il est vrai que, lorsqu'il
n'y a point d'inventaire qui puisse servir de base au compte que
le mari doit leur rendre des meubles de la femme, ils peuvent
agir indistinctement sur tous les biens de la communauté, mais
ce n'est point comme créanciers de la communauté, c'est comme
créanciers de la femme, dont les biens se trouvent confondus avec
ceux de la communauté : ils saisissent tout comme bien de la
femme, rien comme bien de la communauté ; aussi, dès que le
le partage est venu fixer et déterminer les droits de la femme aux
effets tombés dans son lot (en vertu de l'art. 883), ses créanciers
n'ont plus aucun droit sur tous les autres biens qui faisaient
partie de la communauté, parce qu'ils ne cherchaient que les
biens de la femme, et que ces biens sont maintenant distincts et

reconnaissables. Le même raisonnement peut s'appliquer, avec quelques modifications, aux créanciers du mari : leurs créances, sous l'empire de cette clause, ne deviennent point dettes de la communauté ; et s'ils ont droit de les poursuivre pendant le mariage sur tous les biens communs, et sans qu'on puise leur opposer aucune espèce d'inventaire, c'est parce que ces biens sont censés, pendant le mariage, appartenir au mari seul : mais comme ils n'appartiennent au mari que, pour ainsi dire, à charge de restitution d'une partie, c'est-à-dire à la condition de partager ce qui restera lors de la dissolution de la communauté, les créanciers ne peuvent avoir plus de droits sur ces biens que leur débiteur, et par conséquent, lorsque les droits du mari se trouvent réduits par le partage aux effets tombés dans son lot, comme il sera censé n'avoir jamais possédé que ces effets, ses créanciers n'auront aucune action contre la femme, parce qu'ils n'ont jamais été, à proprement parler, créanciers de la communauté, mais seulement créanciers du mari, qualité qui leur donnait le droit de poursuivre les biens de la communauté lorsqu'ils appartenaient au mari, mais qui ne peut leur donner aucun droit sur les biens échus au lot de la femme. Terminons par quelques réflexions sur les effets de l'inventaire. Lorsque le mobilier apporté par la femme lors du mariage a été inventorié, ses créanciers antérieurs au mariage se trouvent réduits aux meubles qui s'y trouvent compris ; mais s'il survient à la femme un nouveau mobilier pendant le mariage, à l'instant ils acquièrent des droits sur lui, et si, lorsqu'ils exercent ces droits, le mari n'est pas prêt à leur en rendre compte (ce qu'il ne peut faire si ce mobilier n'est pas inventorié), dès ce moment le premier inventaire n'aura plus d'effet, et les créanciers de la femme pourront saisir tous les biens de la communauté. Les créanciers de la femme, par suite d'une succession mobilière à elle échue pendant le mariage, ne peuvent poursuivre que les biens dépendans de cette succession, dont il aura été dressé inventaire, ou.,

en cas d'insuffisance, les autres meubles de la femme qui auront
été inventoriés lors du mariage; mais si le mobilier apporté par la
femme lors du mariage, ou qui lui est échu avant cette succession, n'a pas été constaté par inventaire, les créanciers de ladite
succession ne peuvent poursuivre la communauté, parce qu'ils
n'ont jamais eu de droit à ces meubles, qui sont tombés en communauté avant que la femme fût leur débitrice : ils acquièrent
seulement des droits à la part que la femme prendra dans la communauté lors de sa dissolution, et qui n'est encore qu'une espé-
rance.

Ordinairement, la séparation de dettes n'est qu'une stipulation
entre époux, mais quelquefois aussi, il intervient des garans qui
s'obligent à indemniser sur leurs propres biens l'époux qui se
trouvera lésé par le paiement des dettes exclues de la communauté, dans le cas où la masse commune et les biens personnels
de l'époux débiteur ne seraient pas suffisans pour fournir les ré-
compenses résultant de ce paiement : ces garans peuvent même
être poursuivis par le mari pendant le mariage, lorsque la garantie
concerne les dettes de la femme, sans qu'ils puissent, dans ce cas,
demander la discussion préalable des biens de la débitrice, parce
que la femme n'a pas, à proprement parler, de biens pendant le
mariage, si ce n'est la nue propriété de ses immeubles, et la vente
de cette nue propriété causerait elle-même au mari un préjudice
dont les garans seraient tenus de l'indemniser. Tels sont les effets de
ce que l'on appelle *clause de franc et quitte* : en vertu de cette clause,
la communauté n'est pas même chargée des intérêts et arrérages
qui ont couru pendant le mariage.

De la clause d'ameublissement.

L'ameublissement est une convention par laquelle les époux
font entrer dans leur communauté tout ou partie de leurs biens

immobiliers, qui en sont exclus par les articles 1404 et suivans. Cette convention peut s'appliquer, ou spécialement à certains immeubles que l'on désigne, ou même, en général, à tous les immeubles présents ou futurs : dans le cas où l'on ameublit ainsi l'universalité des immeubles de chaque époux, on dit qu'il y a *communauté à titre universel;* c'est ce que Pothier appellait des ameublissemens généraux. Lorsque l'ameublissement a pour objet tel ou tel immeuble en particulier, l'époux est tenu de l'éviction qui procède d'une cause antérieure au moment de l'ameublissement. Par l'effet direct et immédiat de cette clause, certains immeubles, ou même tous les immeubles des conjoints sont réduits au rang des meubles, et deviennent, en cette qualité, biens de communauté. Mais il peut arriver que, sans ameublir présentement aucun immeuble, un des époux prenne l'engagement d'en ameublir quelques uns, en se réservant la faculté de désigner postérieurement ceux auxquels il voudra attribuer la qualité de meubles, et toutefois en fixant d'avance la somme à laquelle devra s'élever la valeur des immeubles qu'il ameublira par la suite. Dans ce cas, l'ameublissement est *indeterminé,* en ce sens qu'il a besoin d'être déterminé à certains immeubles, sans quoi il n'existe sur aucun : cependant, comme les ameublissements se font, comme dit Pothier, afin qu'il y ait un fonds de communauté, auquel le mari puisse recourir en cas de besoin, celui-ci a le droit d'hypothéquer les immeubles de la femme jusqu'à concurrence de la somme promise, et c'est même un moyen de déterminer l'ameublissement. Si tous les immeubles de l'époux ont péri avant la dissolution de la communauté, la convention reste sans effet.

La clause que l'article 1507 désigne sous le nom d'*ameublissement déterminé jusqu'à concurrence d'une certaine somme,* n'est point, à proprement parler, un ameublissement, puisqu'il n'y a rien d'ameubli ; elle ne contient pas non plus la promesse d'ameublir : ce n'est, du moins à mon avis, autre chose qu'une clause d'apport par laquelle un des conjoints s'oblige à apporter à la communauté une certaine somme, en affectant un tel immeuble au paiement de cette somme. Le mari a seulement le droit d'hypothéquer cet immeuble aux créanciers, jusqu'à concurrence de la somme promise : il ne peut le faire liciter, parce qu'il n'en est point propriétaire par indivis. Au reste, si cet immeuble périt, l'obligation est éteinte.

De la faculté accordée à la femme de reprendre son apport franc et quitte.

Cette clause, par laquelle la femme peut, en renonçant à la communauté, reprendre tout ou partie de ce qu'elle y a fait entrer, est tellement contraire aux règles ordinaires des sociétés, qu'elle n'a été permise dans les contrats de mariage que par suite de la grande faveur attachée à ces sortes d'actes, et en considération de ce que la femme n'a aucune part à l'administration des biens communs. Aussi est-elle de droit très-strict, de manière qu'elle ne s'étend pas même aux héritiers de la femme, si elle précède, à moins qu'ils n'y soient expressément compris. Mais une fois que le droit s'est ouvert du vivant de la femme, par la dissolution de la communauté, si elle meurt ensuite, ses héritiers, quels qu'ils soient, peuvent l'exercer. Ce droit n'est pas du petit nombre de ceux qui, étant exclusivement attachés à la personne, ne peuvent être exercés par les créanciers; ceux de la femme peuvent donc, jusqu'à concurrence du montant de leurs créances, attaquer l'acceptation de la communauté faite par la femme, en fraude de leurs droits. La femme n'exerce point ses reprises en nature, mais elle devient débitrice du mari ou de ses heritiers, pour la somme que les effets apportés valaient au moment où ils sont entrés en communauté. Au reste, la femme doit toujours faire raison à la communauté de ses dettes personnelles qui ont été acquittées pendant le mariage; autrement elle reprendrait plus qu'elle n'a apporté.

De la clause de préciput.

Cette clause est celle par laquelle le survivant est autorisé à prélever avant tout partage, sur la masse partageable, une certaine somme ou une certaine quantité d'effets mobiliers en nature. Il faut deux choses pour que cette convention ait son effet : l'une qu'il y ait quelque chose à partager, l'autre qu'il y ait un partage. De là deux conséquences : d'abord le préciput de la femme ne peut jamais être poursuivi sur les biens personnels du mari, puisque ce n'est point une dette de la communauté, mais qu'au contraire il ne peut être dû que lorsque toutes les dettes sont acquittées et qu'il reste encore quelque chose des biens communs; en second lieu la femme renonçante ne peut demander le préciput, car bien qu'il puisse y avoir dans ce cas quelque chose à partager, il n'y a certainement pas de partage puisque tout reste au mari.

Il y a aussi une autre espèce de convention, appelée improprement *préciput*, par laquelle le mari s'oblige à faire avoir à la femme, si elle survit, une certaine somme, laquelle sera prise, soit sur les biens communs s'il en reste après le paiement des creanciers, soit même, à défaut, sur les biens personnels du mari, car dans ce cas le mari contracte véritablement une dette personnelle envers la femme, qu'il doit acquitter, soit que celle-ci accepte la communauté, soit qu'elle y renonce; en effet, comme il ne s'agit plus d'un prélèvement avant partage, peu importe qu'il y ait ou non partage.

Ces deux clauses contiennent un avantage fait au survivant des époux, mais la loi les a dispensées des formalités prescrites pour les donations. Le préciput ne s'ouvre que par la mort naturelle ou par la mort civile : lorsque la communauté est dissoute par une séparation de corps, quoiqu'il y ait partage il n'y a point lieu à la délivrance actuelle du préciput, parce qu'il est encore incertain qui des deux époux survivra à l'autre. Mais l'époux demandeur en séparation conserve ses droits au préciput, et a par conséquent une action contre la succession de l'autre époux, pour se faire délivrer, en cas de survie, la moitié de la somme à laquelle monte le préciput; car, par le partage, il en a déjà recueilli la moitié. La loi oblige, dans ce cas, le mari défendeur en séparation à donner caution pour cette moitié, ou même pour le tout, si la femme a renoncé et que le mari se soit obligé à lui payer cette somme dans tous les cas.

Des clauses par lesquelles on assigne à chacun des époux des parts inégales dans la communauté.

De droit commun les époux partagent également les biens de la communauté; on peut cependant convenir qu'ils y prendront des parts inégales : par exemple, que la communauté se partagera dans la proportion de ce que chacun y aura apporté ; seulement la loi exige que chacun, dans ce cas, supporte dans les dettes une part exactement égale à celle qu'il prendra dans l'actif. Cette prohibition ne peut avoir ici pour objet que d'empêcher les avantages indirects entre époux, car dans les sociétés ordinaires il est permis de stipuler que l'on aura des parts inégales dans l'actif et dans le passif (art. 1855), mais dans les contrats de mariage toute convention qui tendrait à altérer cette proportion serait nulle, et l'on rentrerait alors dans le droit commun.

On peut aussi stipuler que l'un des époux ou ses héritiers pourront retenir la totalité des biens communs, sauf à payer à l'autre époux ou à ses héritiers une certaine somme, destinée à représenter les apports de cet époux, et à lui tenir lieu de tout gain de communauté. L'effet de cette stipulation est différent suivant que c'est le mari ou la femme qui doit avoir toute la communauté :

cette différence tient à ce que le mari n'a pas le choix d'accepter la communauté ou d'y renoncer, puisqu'il s'en trouve déjà propriétaire; elle lui appartient *jure non decrescendi*; au lieu que la femme a tellement le droit de renoncer à la communauté, qu'aucune convention ne peut le lui ôter. Ainsi donc, lorsque le *forfait* a été stipulé payable par le mari, c'est pour lui, non pas une faculté, mais une nécessité que de payer à la femme la somme convenue, en gardant toute la communauté, et en demeurant obligé à toutes les dettes, de même que si la femme avait renoncé : au contraire, lorsqu'il a été stipulé payable par la femme, celle-ci a bien la faculté de retenir tous les biens de la communauté, en payant le forfait au mari, et en demeurant chargée de toutes les dettes, sans que pour cela cependant les créanciers de la communauté, qui ont contracté avec le mari, perdent leur action personnelle contre lui; mais si la communauté paraît désavantageuse à la femme, elle conserve le droit d'y renoncer, et dans ce cas la clause dont nous parlons demeure sans effet, car le mari restant maître de toute la communauté, ne peut demander le paiement d'une somme qui ne lui était accordée qu'à la place du droit qu'on lui refusait dans les biens communs.

Il est enfin permis aux époux de stipuler que la communauté entière appartiendra au survivant, sauf aux héritiers de l'autre époux à y reprendre les apports et capitaux tombés dans la communauté du chef de leur auteur. Cette reprise des apports et capitaux a les mêmes effets que celle dont il est parlé dans la section V du Code; seulement, dans cette section, le droit de reprise n'est considérée que comme une faveur accordée à la femme dans le cas où la communauté sera mauvaise; ici au contraire ce n'est qu'un dédommagement offert à l'époux, qui sera privé de toute portion dans les gains communs s'il y en a; mais cette clause peut aussi devenir très-utile à la femme exclue des biens communs si la communauté est grevée de dettes au delà de son actif, car elle pourra reprendre son apport, sans être tenue que des dettes qui sont entrées de son chef dans la communauté, et qui diminuent son apport de plein droit. La convention dont nous parlons ici n'est point regardée comme une donation, si ce n'est à l'égard des enfans du premier lit, car l'art. 1525, de même que tous les autres de cette deuxième partie du chap. II, se trouve modifié par les dispositions de l'article 1527.